Renier-Fréduman Mundil

Ach Herbst, reiß nun die Scheunen auf!
Ge(h)dichte im Herbst

AF280260

Renier-Fréduman Mundil

Ach Herbst, reiß nun die Scheunen auf!

Ge(h)dichte im Herbst

Illustriert von Ugne Esther N'kaya

Impressum
Bibliografische Information der Deutschen National-
bibliothek:
Die Deutsche Nationalbibliothek verzeichnet diese
Publikation in der Deutschen Nationalbibliografie;
detaillierte bibliografische Daten sind im Internet über
http://dnb.dnb.de abrufbar.

© 2024 Renier-Fréduman Mundil
          Viola Hartmann
Covergestaltung Dan Winkler
Illustrationen Ugne Esther N'kaya

Verlag: BoD · Books on Demand GmbH, Überseering 33,
22297 Hamburg, bod@bod.de
Druck: Libri Plureos GmbH, Friedensallee 273,
22763 Hamburg

ISBN: 978-3-8423-4177-7

Dem *un*Bekannten Schöpfer
des Herbstes

Einleitung

Jemand hat einmal über Vivaldi gesagt, dieser habe nicht hundert Violinkonzerte geschrieben, sondern ein Violinkonzert hundert Mal. Ohne mich im Geringsten auf die Stufe von Vivaldi stellen zu wollen, mancher wird nach dem Lesen dieser Gedichte vielleicht dasselbe denken, obwohl es sich nicht um einhundert sondern lediglich 21 kleinere Werke handelt. Sei's drum. Auch der Herbst ist immer derselbe, seit Tausenden, Millionen von Jahren, oft nur in Nuancen verschieden. Nuancen machen jedoch die Vielfalt des Lebens aus.

Von Toulouse Lautrec gibt es die Aussage:

„Der Herbst ist der Frühling des Winters".

Auf den Sommer bezogen könnte es heißen:

Der Herbst ist der Witwer des Sommers.

Und schon sind alle vier Jahreszeiten im Herbst vereint. Sind sie ohnehin. Manche Herbsttage sind plötzlich leicht und unbeschwert wie ein Frühlingsblatt. Manche Herbsttage flackern noch in der Glut der Sommerhitze. Manche Herbsttage sind bereits in der Winterkälte erstarrt. Viele Herbsttage sind einfach nur Herbst, eine Mischung aus Bunt, Sonne, Sternen, Dunkelheit, Nässe, warmer Stube, reifen Früchten, Abschied, Trauer und Leben, das sich von außen nach innen kehrt, um neue Kraft zu tanken.

Mittelpunkt dieses Buches ist ein Herbstgedicht über zehn Strophen, das mir besonders am Herzen liegt und ich mir manchmal selbst in Gedanken aufsage, wenn ich mit meinen Füßen durch tausende bunte Blätter laufe. Die Strophen dieses Gedichtes schmücken von jungen Händen gemalte Bilder. Damit dieses Gedicht, „Herbstfahrt", in der Mitte steht, gibt es genauso viele Gedichte vor wie nach diesem zentralen Werk. Damit es nicht zu herbstlich wird, denn auch das kann auf die Stimmung schlagen, finden sich zwischen den Gedichten ansonsten kurze Aphorismen.
Im Wort Herbst stecken Wortvorfahren wie herbisto, harbista oder das englische harvert, Begriffe, die Ernte bedeuten. Im Herbst erntet das Leben sich selbst. Mehr Natur als Herbst geht nicht. Das ein wenig einzufangen, ist der Gedanke dieses kleinen Buches als Begleiter durch sonnige und dunkle, nasse und trockene Herbststunden.

1.

Herbstgefüllte Hand

Der Herbst
Fährt
Durch den Sand.
An seiner Hand
Süßer Wein,
Einsam sein,
Aufgewühltes Meer
Laubbenetzter Teer,
Kahle Zweige,
Kalte Bleibe,
Kaminfeuer,
Erntefeier,
Volle Scheunen,
Langes Träumen.
Astern, Nelken,
Letztes Welken,
Dichter Nebel,
Aufgeblähtes Segel,
Und
Erste Weihnachtsahnung.

Die Erinnerung
Ist ein Zug
In die Vergangenheit,
Denn das Leid
Der Gegenwart
Ist meistens zu hart.

2.

Verwunschener Herbst

Herbst, ach wärst
Du doch sommerleicht
Reich
An warmen
Sonnenstrahlen.
An grünen Bäumen,
Sanftem Meeresschäumen,
Bunten Wiesen,
Mooskissen.
Doch du bist nur
Am Ende sterbende Natur,
Welkes Laub,
Werdender Staub,
Schlafende Schiffe
Und Risse,
Die dem Sterben gleichen
Und das Herz zerreißen.

Es ist eine Kunst,
Die Zukunft
Durch das gewesene Leben
Zu verstehen.
Doch die Erfahrung belegt,
Dann ist es oft bereits zu spät.

3.

Staubherbst

Der Herbst die dunklen Farben bringt,
Das Leben nun zu Staub versinkt,
Zu Staub, zu Staub, und einfach nur zu Staub.
Der Himmel dunkelt sich zu Grau,
Leise zerbricht das Lebenstau
Zu Staub, zu Staub, und einfach nur zu Staub.

Die Herzen legen sich zur Ruh',
Sanft verschließt sich die Lebenstruh'
Zu Staub, zu Staub, und einfach nur zu Staub.
Die Augen igeln sich jetzt ein,
Leise verglüht der Lebensschein
Zu Staub, zu Staub, und einfach nur zu Staub.

Die Seelen fliehen himmelwärts,
Leise vergeht das müde Herz
Zu Staub, zu Staub, und einfach nur zu Staub.
Das Lebenstor endet im Wind,
Alles was war, nun still zerrinnt
Zu Staub, zu Staub, und einfach nur zu Staub.

*Kein Portemonnaie
Ist weiß wie Schnee,
Weil Geld
Nicht nur Gutes enthält.*

4.

Sternenleeres Vergehen

Herbst!
Alles fährt
Ins Vergehen:
Das Sehnen
Der Schmetterling
Der Sommerwind
Der Flieder
Die Vogellieder
Die Träume
Die Sternenleine
Der Strand
Das Blumenband
Das Schweigen
Das Bleiben
Die Honigwabe
Das Gehabe.
Herbst!

Alles fährt
Ins Vergehen –
Selbst das alte Leben.

*Wer tief fällt
Kann hoch steigen.*

5.
Das Verweilen des Enteilens

Herbst,
Alles zergärt
Zu Staub.
Der Glaub'
An irdische Unendlichkeit,
Das Blätterkleid
Der Bäume.
Sommerräume,
Der warme Strand,
Die zerfurchte Hand,
Die Chrysanthemen,
Das Schweben
Der Bienen.
Vogelwiegen,
Das Hoffen,
Herzpochen,
Die Weinranke,
Der Gedanke.
Herbst,
Es währt,
Dass die Welt
Zerfällt.

*Auch ein kleiner Patzer
Ist ein Wolkenkratzer,
Wenn die Wolken tief stehen
Und wir nur das eigene Brett sehen.*

6.

Herbst in den Herzen

Herbst!
Der Sommer fährt
In den Süden.
Aus den Wiesen
Steigt Schleiernebel.
Die Segel
Der Boote
Ruhen, die Schlote
Der Häuser schwaden
Und die Waben
Der Bienen sind geleert.
Das Meer
Türmt sich,
Das Licht
Weicht einer grauen Wand,
Die das Land
Vom Himmel trennt,
Sich lange in die Herzen senkt.

*Ein Boot
Aus Brot
Zeugt nur auf Sand
Von Verstand.*

7.

Vergehender Sommer – Aufgehender
Herbst

Langsam schweben die letzten
Sommertage
Auf die Waage
Des Lebens hinab.
Mit jedem Tag
Nimmt der Herbst mehr Fahrt auf.
Das graue Laub
Zerfällt zu dunkler Erde.
Die unbeschwerte
Helle Sommerzeit
Verwandelt sich in kalte Dunkelheit.
Stürme ziehen über das Land,
Mit ihrer Hand
Streuen sie Verderben über das Leben,
Schlafen altgewordene Seelen
In fernen Welten.
Die Alten erzählten
Schon lange vom Grab,
Zu unendlich fern schien der dunkle
Tag.

Beim Betrinken
Versinken
Wir im Steigen
Ins Leiden.

8.
Die Virenkutsche

Vollbeladen
Mit seinem Viruswagen
Durchquert
Der Herbst
Das Land,
Streut Viren unhygienisch per Hand
Auf alte Köpfe,
Kinderzöpfe,
Reiche, Arme,
Schnelle, Lahme
Und wie eine Wand
Um den menschlichen Verstand.
Bevor wir es verstehen,
Ist er wieder am Gehen
Und wir denken,
Dass wir das Kränken
Mit eigener Kraft
Besiegt und geschafft
Haben.
Bis der nächste Wagen
Der Natur
Über uns hinwegfuhr.

*Die Trauerweiden
Zeigen
In die Erde.
Aus jedem Tod werde
Eben
Neues Leben*

9.

Gesommter Herbst

Ein letzter Sommervorhang fällt
Auf die Welt.
Den Blumen
Entströmen
Die Reste
Der Sommerdüfte.
Noch wimmelt
Es am Boden, himmelt
Der warme Wind die Sonne an.
Am Ende einer langen Bahn
Taucht schon der Herbst auf.
Nebelrauch
An seinen Füßen
Schreitet er über nasse Wiesen,
Hinterlässt tiefe Abdrücke.
Die letzten Sommeraugenblicke
Wollen bei uns verweilen,
Während wir selbst schon zum Herbst
enteilen.

Wer die Sterne sieht,
Den zieht
Sein Herz und Sinn
Zur alten Heimat hin.

10.

Herbstroutine

In den letzten Sommerlichtern
Löst sich langsam das Zwitschern
Der Vögel auf.
Seinen Lauf
Beschleunigt noch einmal der Bach,
Für letzte Augenblicke das Dach
Der Natur zu überfluten.
Über verwinkelten Routen
Tragen Ameisen letzte Reste in ihren
Vorrat.
Bald wird der Sommertag
Entschwunden sein.
Das lange Verweil'n
Des Herbstes wird beginnen,
Wird erst zerrinnen,
Wenn im kalten Wintergrab
Alles zu Eis erstarrt.

Manches Beten
Ist Reden
Mit sich selbst,
Bis der Groschen fällt
Und man nicht mehr vergisst,
Dass man nie alleine ist.

11.

Herbstfahrt

1. Strophe

Ach Herbst, reiß' nun die Scheunen auf
Bring' Früchte voll genüge.
Schon drängt die Zeit in ihrem Lauf
Hinab zur Winterwiege.

2. Strophe

Und schüttel' viel der Bäume Frucht
In leere Kinderhände.
Bewahr' sie vor der kalten Wucht
Der nahen Winterwende.

3. Strophe

Umspüle bunt mit welkem Laub
Die Augen, die noch staunen.
Auch stehe nicht, noch nicht verschnaub'
Eh' sie dich ganz beschauen.

4. Strophe

Durchwühl das Meer in große Wogen,
Die fest am Lande nagen.
Und wenn die Vögel komm'n gezogen
Hilf sie nach Süden tragen.

5. Strophe

Ach Herbst, reiß nun die Wolken auf
Und schütt' von ihrer Fülle.
Verwandele das Wolkenhaus
In eine Wassermühle.

6. Strophe

Und lass die welken Blätter schweb'n
Vor unserm kleinen Fenstern,
Wo Spinnen seidig sich verweb'n
Gleich unsichtbar'n Gespenstern.

7. Strophe

Lass rasch die leeren Stürme zieh'n
Zu dem, was reif geworden.
Belad mit schweren Melodien
Die Winde aus dem Norden.

8. Strophe

Wenn bald der letzte Vogel fort,
Wenn Erde ruht im Blättergrab,
Lass schweben über diesen Ort
Den kalten weißen Wintersarg.

9. Strophe

Ein einzig mal noch lass uns seh'n
Das Meer an deinem Bug,
Den Himmel in Gemälden,
Der Vögel fernen Zug.

10. Strophe

Und lass es dann für uns genügen,
Entziehe uns dem welken Duft.
Lass uns vom Winter sanft einwiegen,
Durchwelk mit Bunt die letzte Luft.

Kein Weg
Zurück ins Himmelshaus
Geht
Immer nur geradeaus.

12.
Lebensherbstfrage

Leise versinkt der Sommerklee
Im stillen See
Der herbstgewelkten Zeit.
Weit
Waren die Sommertage gewesen,
Dem Wein haben sie goldene Reben
Geschenkt.
Haben die Wiesen mit Blumen getränkt,
Das Meer mit Wärme gefüllt.
Nun wird das Bild
Des Sommers auf einen
Kleinen
Dachboden gestellt.
Graue Tage werden die Welt
Durchziehen,
Bis die Blüten
Wiederkommen werden.
Werde ich dann noch auf Erden
Sein?
Oder wird der Schein
Vom Abendlicht

Mich
Auf einem Sternenwagen
Durch den Himmel tragen?
Herr, erhöre mich,
Sonst bricht
Mein Leben in mir
Und ich kann hier
Nicht mehr verweilen,
Wenn die Frühlingsweiten
Nach den dunklen Müh'n
Wieder durch die Herzen zieh'n.

Wir müssen im Leben wagen,
Die Wahrheit zu sagen,
Sonst wird uns die Wahrheit fremd
Wie das letzte Totenhemd.

13.

Bernsteingewandelte Zeit

Der Tanz der Bienen
Hat sich in den kühlen
Sand gelegt.
Unentwegt
Ziehen
Die Vögel in südliche Gefilde.
Das Meer spült Berngesteintes auf's Land.
Auf dem einsamen Strand
Finden sich jahrtausendalte Gebilde,
In denen uralte Stunden gefangen sind.
An den Bäumen
Zerschäumen
Die grünen Farben, rinnt
Welkes Leben in die Luft.
Ein leeres Blatt
Ruht zwischen dem sommrigen Ertrag
Der goldgereiften letzten Frucht.

Manchmal schauen wir uns im Leben um.
Nur dumm,
Wenn hinter uns auf dem Weg
Ein Spiegel steht.

14.

Windflucht

Mit grauen Wangen
Und vollbeladenen Nebelstangen
Streift der Herbst durch die Welt.
Er hält
Reiche Ernte am Lebensgrün.
Stürme entzieh'n
Die hellen Farben,
Tragen die Garben
Der Felder hinweg.
Auf alles legt
Sich ein feuchter Schleier.
Die Luft wird zur Mauer
Aus kaltem Stein.
Der Wein
Verliert seine letzten Reben.
Das Sommerleben
Ist in den Süden entflohen,
Wo es den Himmelsbogen
In rotem Samt
Entflammt.

*Wenn die Lebenslast
Fast
Zu schwer wird,
Führt
Uns eine göttliche Hand
Wieder zum festen Stand.*

15.

Kühle Herbstlast

Nun lastet der Herbst auf verblühten
Weiten,
Die Tageszeiten
Sind kürzer geworden.
Vom ferngelegenen Norden
Dringt
Der eisbeladene Wind
In die müde Natur.
Die Sommerspur verschwindet im
Winterpfand.
Am Strand
Kreisen
Die Wildgänse, mit leisem
Flügelschlag
Hat
Sich der letzte Schmetterling
verabschiedet.
Das Leben versiedet
Zu dunklem Licht,
Das unaufhaltsam in leere Herzen fließt.

*Der erste Frühlingstag
Ist ein Jungbrunnenbad.*

16.

Herbstkristalle

Alles Licht
Zerbricht
In Kristalle.
Alle
Sterne
Wie die Perle
Muschelumhüllt.
Alles wird
Zum toten Bild,
Zerschellt
Zu Nichts.
Die Sicht
Endlose Dunkelheit.
Die Zeit
Verschwunden
Und Wunden,
Die
Nie
Sterben,
Endlos werden.

Herr, Deine Werke
Verkünden Deine Stärke
Ohnegleichen.
Sie zu verstehen, werden wir nie erreichen.

17.

Herbst-In-Die-Erd'-Fahrt

Herbst,
Alles Fährt
In die Erde.
Kein Werde
Mehr.
Leer
Die Straßen.
Das Lachen
Verstummt.
Das Bunt
Verblast.
Die Last
Vom Leben
Ist im Vergehen.
Herbst,
Alles kehrt
Vom Leben
Zum Gehen.

Wer
Ein Gewehr
Nimmt,
Ist oft ein Schwächling oder Feigling.
Auf jeden Fall ein –linge,
Früher benutzten Ritter mutig die Klinge.

18.

Traum einer Herbstbucht

Der Herbst
Kehrt
Das Sommerhaus
Aus.
Die Wiesen
Zerfließen
Im Wind
Und sind
Vom Herbstwagen
Bald fortgetragen.
Die warme Meeresgischt
Erlischt.
Das Sonnensegel
Verschwindet im Nebel.
Im Garten
Welken die zarten
Blumenpflanzen.
Mücken tanzen
Im letzten Sommerduft
Über der kleinen träumenden Bucht.

Sie
Erreichen sich nie.
Und ich
Mich
Sicherlich
Auch nicht.

19.
Wellenwelkeln

Die Sommerwellen
Tanzen
Über den Quellen.
Blumenpflanzen
Bunt geschmückt
Am Wegesrand.
Unentwegt
Verschwindet der Strand
Unter der Wellenflut.
Auf den Wegen
Tanzen die Füße lichtbeschuht
Durch das Leben.
Bald wird der Reigen
Zerbrechen,
Zeigen
Wird sich der Herbstrechen.
Auf seinem Wolkenwagen
Wird er das Sommerband
Forttragen
In ein fernes südliches Land.

Wir denken,
Zum Schenken
Braucht's beim Gaul
Ein offenes Maul.

20.
Letzte Frucht

Wie leuchtet uns so golden
Der Herbst im Abgesang,
Mit schimmelweißen Wolken,
Mit buntem Blättertanz.

Wie kocht nun jede Wiese
Dampf aus dem Nebelfass,
Der uns mit kalter Briese
Die Sonne grau verblasst.

Wie süßen sich die Reben,
Trunken vom eignen Saft,
Da noch das welke Leben
Die letzten Früchte schafft.

Des Kaiser's alte Kleider:
Die Neider
Haben nur nackte alte Haut
Geschaut.
Den Kaiser tat es nicht jucken,
Er konnte nicht dumm aus der Wäsche gucken.

21.

Lebensumbruch

Leer ist die Welt geworden,
Entrückt zum Himmelszelt.
Vom fernen dunklen Norden
Drängt Kälte in die Welt.

Die Blumen sind vergangen
Zu kalter dunkler Erd'.
Des Sommers heiße Wangen
Vom Nebel grau gefärbt.

Die bunten Blumenkissen
Schmücken nicht mehr das Feld.
Auf den versunk'nen Wiesen
Das Leben still zerfällt.

Bald wird der Herbststurm kommen
Mit Donner und Gebraus.
Er wird die Sommersonnen
Entführ'n ins Winterhaus.

*Kann man bei Eis und Schnee
Jemanden über den Klee
Loben?
Und wohin ist das Oben
Vom Unten
Verschwunden?*

Inhaltsverzeichnis   nach Nummern

Biographie

Aus irgendwelchen unerklärlichen Gründen war ich bereits als Kind froh, es mit meiner Geburt gerade in den Herbst geschafft zu haben. Zwei Tage früher wäre es noch der Sommer gewesen. Nach Schulzeit, Studium der Humanmedizin (heute würde ich ein Studium der humanen Medizin vorziehen) und vierzigjähriger Schifffahrt durch die Medizin befinde ich mich seit zwei Jahren mit der Rentenzeit im Sinne von „zurück zu den Wurzeln" (Geburt im Herbst) im Herbst des Lebens. Johann Heinrich Pestalozzi, einer der größten Pädagogen, hat einmal gesagt: "Wenn unser Leben sich neigt, dann sollten wir sein wie die Bäume des Herbstes, voll reifer Früchte". Mit den Früchten hat es das Leben mit meiner Frau und mir gut gemeint, 25 Kinder (4 eigene, 17 Enkelkinder und 4 Schwiegerkinder).
Im Laufe der Jahre habe ich eine Reihe von Gedichten zu den unterschiedlichsten Themen geschrieben, die für lange Zeit in dunklen Schubladen oder Kisten lagen. Ob sie dort im Laufe der Zeit gereift sind, vermag ich nicht zu beurteilen. Jetzt in ersten „freien" Herbstzeiten meines Lebens (keine Schule, kein Studium, keine Arbeit) schien mir der Moment nicht unpassend, unter ihnen ein wenig Ernte zu halten und damit diesen und alle weiteren Herbste unserer wunderbaren Erde zu begrüßen.

Neben einer Reihe anderer Veröffentlichungen hat der Autor auch folgende Gedicht- und Prosabände veröffentlicht:

Uhlenspiegel bei den Schildbürgern
Uhle 1, Uhle 2, Uhle 3

Der Einzelkämpfer Uhlenspiegel, mit der Armee seiner schalkhaften Gedanken bewaffnet, trifft auf ein Dorf voller Schildbürger, die eher weniger oder sagen wir eher mit anderen Gedanken bewaffnet sind.
(Band 1 - 3)

Die Christyllische Weihnacht –
Weihnachten wie immer (und) anders
27 Kurzgeschichten mit je einem Bild, zu jedem Tag vom 1.-26. sowie 31. Dezember; sehr abwechslungsreiche Geschichten von Weihnachten im Kaufhaus, bei den Schildbürgern, in einem neuen Märchen, als Science-Fiction und Weihnachtsgeschichten zur Zeit der Geburt Jesu. So abwechslungsreich, dass für jeden und jedes Alter etwas dabei ist (auch in Englisch erhältlich.

Schwarzbart's kandidelte
Adventsgeschichten
Der alte Seekapitän erzählt fantastische Adventsgeschichten voller Fantasie, bereichert durch weihnachtliche Gedichte. Zu lesen wie ein Adventskalender.

Ein denkwürdiger Adventskalender

Das schönste am Fest war der Adventskalender. Jedes Jahr freute er sich auf diese verkleidete, geheimnisvolle süße Gabe. Draußen die bunten Bilder, die versteckten Türchen, Zahlen, die zwischen Engeln, Krippen und Weihnachtsmännern umherschwirrten. So war es jedes Jahr, aber dann stimmt irgendetwas nicht. Dies erzählt die Geschichte um einen ganz besonderen Adventskalender voller Überraschung.

Die Insel der Figuren

Ein kleines Mädchen in Japan bekommt zum Geburtstag von ihrem Vater eine Puppe geschenkt. Als das Mädchen älter ist, wird die Puppe in einem kleinen Boot auf die Wellen des Meeres gesetzt. Offensichtlich eine Tradition ins Erwachsenenalter.
Einige Zeit später reist ein anderes Mädchen ihrer verschwundenen Puppe hinterher, eine spannende abenteuerliche Reise mit einem ungewöhnlichen überraschenden Ende beginnt. (Fantasieroman)

Der kleine Mugu auf dem Noddelthron

Ein Jungen lebt in dem Land eines Königs. Eines Tages kommt ein Prahlhans in dieses Land. Er besitzt die Fähigkeit, die Gedanken anderer Menschen mit seinen wilden Haaren einzufangen. Der König wollte diese Fähigkeit erlernen und folgte dem Prahlhans. Ausgerechnet der kleine Junge Mugu gewann die Nachfolge des Königs und regierte das Land, in dem er viele Dinge auf den Kopf stellte. (Märchenroman)

Max abenteuerliche Reise zum Ich – eine kurze weite Reise

Jugendroman, 112 Seiten, Max lebt in schwierigen sozialen Umständen, weder darüber, noch über den Grund wird in der Familie gesprochen. Langsam kommt Max selbst hinter das „Geheimnis" und lernt, sich trotzdem zur Familie zu bekennen. Auch als Schulbuch geeignet.

Manu's Reise mit dem Tod – eine Fuge durch die Zeit

Roman, 256 Seiten, verschiedene Lebenslinien aus dem Leben einer Frau, fugenartig verwoben, Ereignisse des Todes in ihrem Leben und ein weiterer Handlungsstrang über verschiedene Rituale zur Zeit des Todes in verschiedenen Kulturen (auch in Englisch erhältlich „Manu´s Journey with Death").

GeGlichenes

Die folgende Sammlung in 4 Bänden enthält etwas über 60 Kurzgeschichten, jede Kurzgeschichte baut auf einer aus dem Neuen Testament stammenden Bibelstelle gleichnishaft auf und ist auf unsere Zeit übertragen. Zwischen den Geschichten findet sich jeweils ein Aphorismus oder ein Gedicht.

Das Moooondschaaaaf
(monatlich durch das Jahr)

Für jeden Tag eines Monats ein Gedicht aus Sicht eines auf dem Mond lebenden Schafs, das humorvoll, kritisch, skeptisch und wiedererkennend unsere Erde beäugt; zwischen jedem Gedicht ein Aphorismus; mit passenden lustigen Bildern aus Kinderhand; auch als Geburtstagsgeschenk für den passenden Geburtstagsmonat geeignet.

Ostern- Gedichte zur Osterzeit

43 Gedichte mit christlichen Inhalten von Gründonnerstag bis zur Auferstehung Jesu, durchsetzt mit gedankenvollen Aphorismen.

Der erdenkliche Mensch - Das Du im Ich

55 Gedichte, dazwischen Aphorismen, die sich nachdenklich und kritisch mit liebgewonnenen menschlichen Verhalten auseinandersetzen.

Ein KESSEL Bunte GeDichte

Ein Kessel bunter Gedichte, unterbrochen von kurzen Aphorismen – eben wie in einem großen bunten Kessel, wenn es heißt: tüchtig rühren, Kelle rein, sich überraschen (pardon inspirieren) lassen, was auf den Teller kommt.

Tortellintauben - TierGdichte für Rwachsene

61 Tiergedichte als Spiegelbild menschlichen Verhaltens, wunderschön von Kinderhand illustriert.

Hinter dunklen Himmelswolken
Gedichte in Zeiten der Trauer

74 Gedichte über Tod, Sterben, Hoffnung, Zuversicht, das Danach.

Aventsschilda
Die EULENde SPIEGEL-Weihnacht

Weihnachtsgeschichten mit und ohne Eulenspiegel in Schilda, bereichert durch weihnachtliche Gedichte. Zu lesen wie ein Adventskalender.

In 90 Tagen um den Herbst

Herbst, eine Mischung aus Bunt, Sonne, Sternen, Dunkelheit, Nässe, warmer Stube, reifen Früchten, Abschied, Trauer und Leben, das sich von außen nach innen kehrt, um neue Kraft zu tanken.